Dulce Oscuridad

Diseño de la portada: Victoria Canel
Diseño del libro: Macarena Zilveti
Fotografía de la autora: Alejandra Canel

ISBN: 979-8-9891738-0-8

Dulce Oscuridad

poemas

Macarena Zilveti

A mi madre, que me enseñó a leer.

A mis hijas Alejandra y Victoria,
que me dieron las palabras para escribir.

Los poemas de Macarena Zilveti son su Ser expuesto con coraje y sin omisiones. No es fácil tumbar el muro que nos protege del juicio ajeno y mostrar las heridas más profundas, las que nos hacen vulnerables y necesitados. Entre líneas se puede escuchar el grito de auxilio que en momentos quedó reprimido y en otros explotó, rompiendo ataduras, liberando el vuelo.

Así como el desespero, Macarena también libera el gozo, entonces ese grito se vuelve un placer sensual que se le escapa al cuerpo satisfecho.

Es la vida, su vida, pero un poco la de todos, con sus días de sol y sus noches de tormenta, lo que se vislumbra en sus palabras. Es un amor que reprime y otro que cobija; cadenas que amarran y alas que crecen; lágrimas y risas que se alternan durante el camino.

Leer estos versos es conocer a Macarena sin filtros ni velos.

Su prosa es sencilla, fluye sin tropezar con la palabra rebuscada. Es un rio que sale del corazón y busca su camino al mar para llegar al lector con la claridad del agua cristalina.

En ese fluir, se expresan todos los sentidos: el aroma de un jabón, la aspereza de una piel, el sonido del silencio, la visión en la oscuridad, el sabor del tabaco...

Hay cercanía y hay distancias. Y hay distancias en la cercanía. El espacio es físico en algunos poemas y, en otros, es psicológico, no lo mide el metro sino el corazón.

Con estos versos Macarena se entrega, así como es, así como vivió la vida, como la sintió, como la lleva en sus recuerdos.

Mila Hajjar

Dulce Oscuridad

Clavo y limón

cierro los ojos
y me transporto
al baño de mi abuela

toallas limpias
recién lavadas

el jabón
enviado desde Francia
por barco
comprado en los Champs-Élysées
en Paris
cuando tenía 9 años

clavo y limón
receta contra el desorden
traída por los pelos
pero funciona

Una vuelta de dedos

atravesando las distancias físicas
con una vuelta de dedos

los suspiros flotan
la mente no se limita
las esquinas se llenan
los labios se abren

el corazón late
la velocidad aumenta
el círculo se cierra

en un pensamiento impulsivo

Dulce Oscuridad

Detrás del lente

y tú
qué haces
qué dices
qué miras
allá abajo

detrás del lente
de la cámara

con esa gente
de otros mundos
otras culturas
en sus bolsillos

Dolor rojo

dolor
rojo con algunas
manchas blancas de pureza

se exhibía

al silencio
como muerte
vacía

la vida sigue
las memorias del pasado
se van al mundo
del olvido

listas y preparadas
para cualquier momento
de desequilibrio
y temor
que trae la soledad

esa soledad
tan necesitada de tacto
que demuestre vida
calor

Dulce Oscuridad

Cebolla picada

tragué
trapos
extraídos del alma

ensuciados

encabronados

con
ese sabor especial
a

cebolla picada

finita
para que el aliento
no le caiga mal
a los hombres

Ritmo

olor de amor
mezclado
con piernas
entrelazadas

bailando un
compás invisible

ritmo que te enseña
ritmo que te lleva
un-dos-tres
así es

vamos, vamos...

Dulce Oscuridad

Sin ventanas

las paredes
me encierran
en el cemento

sofocándome
en su olor
a pintura fresca

los sentimientos
gritan de dolor,
se niegan a ser apagados

presunciones
caen como moscas muertas
en su vuelo final

ni tiempo
para pedir auxilio

30 días

30 días
pediste que esperáramos

trein
      ta
             dí
                  as

el tren
se aproxima
se descarrila
con frenesí

pasajeros
boquiabiertos

anonadados

les toma
más de un minuto
pedir

A U X I L I O

como cuando un bebé
se golpea
abre la boca
y sale silencio

Dulce Oscuridad

de repente
su alarido
rebota

y se estrella
por los pasillos

Calcio, hierro y proteínas

mis huesos
el caparazón
de mi alma
se pueden romper
fácilmente

son calcio
           hierro
                      y proteínas

cosas pequeñas
metidas dentro de un ser

complejo

lleno de sentimientos
y pensamientos sobre   la vida
                             la muerte

Dulce Oscuridad

El huevo

ayer, cuando llegué
a la cima del cerro
pude apreciar el pueblo
amaneciendo a mis pies

mi lengua, áspera y seca
me pedía agua fría
pero no existía
en esa atmósfera árida

lo único que divisé
fue un nido
recién hecho con palitos
y peluzas encontradas en la calle
me acerqué y pude ver el huevo
lleno de esperanza
atento al cambio de estación

¡Qué rico!

mi lengua
juega con tu boca
separando tus labios

tu aliento
se mezcla con el mío
se aceleran nuestros latidos

tus pies
acarician mis piernas
y pienso

ay, ¡qué rico!

te beso
a ojo cerrado
abriendo emociones

ay,
¡qué rico!

acaricias mis senos
ellos responden
parados y erguidos
listos para ser
chupados

Dulce Oscuridad

me penetras
y bailo
siguiendo el ritmo
de tus caderas

y exclamas
¡ay! ¡qué rico!

El mar

el mar
con sus aguas fuertes
me revuelca
en su melancólica profundidad

juego en su orilla
con las caracolas
y algas marinas

saboreo su sal
en mi lengua

Dulce Oscuridad

El puente

caminando
sobre tu piel
áspera y seca

sigo más abajo
y me muevo
cayendo en trance
con el ritmo del agua
meciéndose
rápidamente

mareándome un poco

Escuchando tu silencio

escuchando tu silencio

podría pensar
mil cosas

imaginarias
desde luego
todas existentes
dentro de ese vacío
profundo

mis pensamientos
rodean el aire
misterioso y oscuro
romántico
esta noche

desde luego
tu no estás

tu cuerpo me rodea
incansable
insaciable
se incorpora a mi mente
sometiéndola a pensamientos
rara vez imaginados

y tú
¿dónde estás?

Dulce Oscuridad

qué haces
esta noche
llena de oscuridad

esa oscuridad
que avisa el cambio de horas

claro que en este momento
la paz está al otro lado del hemisferio
son casi las doce de la noche
faltan minutos
para el toque

autos
a toda velocidad
corren
hacia su
lugar de origen
huyendo del dominio
de la hora
y el revolver

y tú
¿qué piensas?

¿o no
estás pensado
ahora?

Balada

en el auto
no usa cinturón
en la cama
no usa condón

balada cubana
tarareada
por las calles
de La Habana

semiiluminadas
por faroles
estropeados

por el último ciclón
que pasó por ahí
y arrasó con todo.

en el auto
no usa cinturón
en la cama
no usa condón

Dulce Oscuridad

La ola

¿qué hacer?

me sorprendieron
tus sentimientos

ola
que no se aleja
y me incluye
en su movimiento feroz

¿qué hacer?

tus ojos me persiguen por las calles
tu sonrisa melancólica
se fija en mi mente

tus labios
me rodean
en las noches
oscuras y solitarias
acompañándome
en los rincones de mi cama

Libertad

no estoy atada
a un ser humano

puedo ver las alas
de la libertad a mi lado
guiándome
paso a paso
camino a camino

siento un aire fresco
y se estremecen

fuertes
plumas gigantes
llenas de vitalidad

con ganas de volar
por el aire invisible

de igual a igual
con las aves
de ese espacio
azul e infinito
llamado cielo

Dulce Oscuridad

Navegando

navegando
en la misma dirección

una mirada
atraviesa ventanas presas

por cortinas de encaje
y seguimos en la misma vía
sin llegar a nuestro destino

Llámame

llámame,
dijiste,
quémame
con esa lengua
de sabor a tabaco

¿llamarte?
encender
esa voz
que nunca se apaga

dudas
que permanecen
en la atmósfera

suben
bajan
lengüeteando
las paredes

ese sabor amargo
a cemento
áspero y seco
te corta
cuando te estrellas
y quedas

Dulce Oscuridad

estupefacto

lla   ma   me

las llamas
crecen
ardiendo en la noche
chispeantes

rojas
amarillas

llámame
quémame
y veremos

suspiros
se evaporan
en la ducha de agua ardiendo
sorbos de aire
atragantados

juntándose
con nuestros cuerpos
que se estrellan
y rebotan

empapados
de angustia

llama,
me dijiste

lla ma mé
pensé

Dulce Oscuridad

Noches semioscuras

noches semioscuras
iluminadas
por lámparas ficticias

antiguas putas infelices me rodean
sonámbulas
perros muertos
destrozaron
sus últimos huesos

la marea sube
baja
se revuelca

los caracoles
suspiran en su orilla espumosa

la luna
titila

Oasis

abro los ojos
en la oscuridad
amena

veo tu oasis
espíritu   libre
        acariciándome

en esa oscuridad
aterciopelada

Dulce Oscuridad

Una manta mejor

aguanté y me rebajé
en silencio
tragando
todas las torpezas
físicas y verbales
y desde luego
las que enferman el cerebro

producen esa inseguridad
demente y febril

las palabras se acumularon
y el exceso
brotó por mis poros
tantos años
encarcelando el crudo abuso

el chorro que se produjo
fue inmenso
la fetidez
inaguantable

décadas y décadas
de podredumbre
por fin sueltas
al aire libre

recuerdo

una voz diciendo:
"Ponte una manta
de teflón"

intenté
pero se rayó

el dolor no resbala,
va penetrando
por esa capa plástica
de color muerte

descubrí una manta mejor
mi cuerpo
atado a mis dos hijas
resbala más
que el teflón
y el color, a pura vida

rojo vivo
entrelazado por
tropezones y subidas

Dulce Oscuridad

y amarillo
repleto de escalones
que deslizan
las ocurrencias de la vida

ya no me podrás herir más
esta manta no se rompe

al contrario

se fortalece más
y más

dejando atrás
una neblina impenetrable

con los recuerdos amargos
de mi vida
contigo

Dulce Oscuridad

Mi agradecimiento a
Omira Bellizzio
y Mila Hajjar
por sus consejos poéticos.

Dulce Oscuridad

Macarena Zilveti llegó a los Estados Unidos a los 10 años. No perdió su conexión primera con Chile, su tierra natal, pero se sumergió con la pasión de la adolescencia en la cultura de Estados Unidos, su país de adopción. Bilingüe, bicultural fue el resultado.

A los 19 años escribió su primer poema. Luego se graduó en Diseño Publicitario por la Universidad de Syracuse (NY) —para agregar a su repertorio un tercer idioma: el visual.

Sus poemas han aparecido en diversas revistas, entre las cuales *Linden Lane Magazine*, en la antología *Lugar y tiempo de poetas y narradores*, de Adriana Adriasola (ed.), publicada en 1985 por una filial del P.E.N. Club Internacional, y en *A ray of hope*, la compilación de la International Library of Poetry.

Este libro en una selección de sus poemas en español.